Impressum
Verlag: BABADADA GmbH, Nedderfeld 112 , 22529 Hamburg
Geschäftsführer / Verlagsleitung: Harald Hof
Druck: Books on Demand GmbH, In de Tarpen 42, 22848 Norderstedt

Imprint
Publisher: BABADADA GmbH, Nedderfeld 112 , 22529 Hamburg, Germany
Managing Director / Publishing direction: Harald Hof
Print: Books on Demand GmbH, In de Tarpen 42, 22848 Norderstedt, Germany

das Klassenzimmer
القسم

dividieren
يقسم

186/2

die Tafel
اللوح

der Schulhof
باحة المدرسة

der Lehrer
المعلم

das Papier
ورقة

schreiben
يكتب

der Stift
القلم

der Schreibtisch
طاولة المكتب

das Lineal
المسطرة

das Buch
الكتاب

die Schüler
التلميذ

der Ranzen

الحقيبة المدرسية

die Federmappe

المقلمة

der Bleistift

قلم الرصاص

der Bleistiftanspitzer

البرّاية

das Radiergummi

الممحاة

der Zeichenblock

دفتر الرسم

die Zeichnung

الرسمة

der Pinsel

الفرشاة

der Malkasten

علبة التلوين

die Schere

المقص

der Klebstoff

المادة اللاصقة

das Übungsheft

دفتر التمارين

die Hausaufgabe

الواجب المدرسي

die Zahl

الرقم

addieren

يجمع

subtrahieren

يطرح

multiplizieren

يضرب

rechnen

يحسب

der Buchstabe

الحرف

das Alphabet

الأبجدية

das Wort

كلمة

der Text

النص

lesen

يقرأ

die Kreide

الطبشور

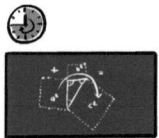

die Stunde

الحصة

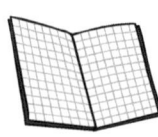

das Klassenbuch

دفتر الدوام المدرسي

die Prüfung

الامتحان

das Zeugnis

شهادة

die Schuluniform

اللباس المدرسي

die Ausbildung

التعليم

das Lexikon

الموسوعة

die Universität

الجامعة

das Mikroskop

المجهر

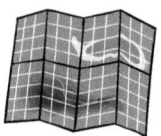

die Karte

الخريطة

der Papierkorb

قماما

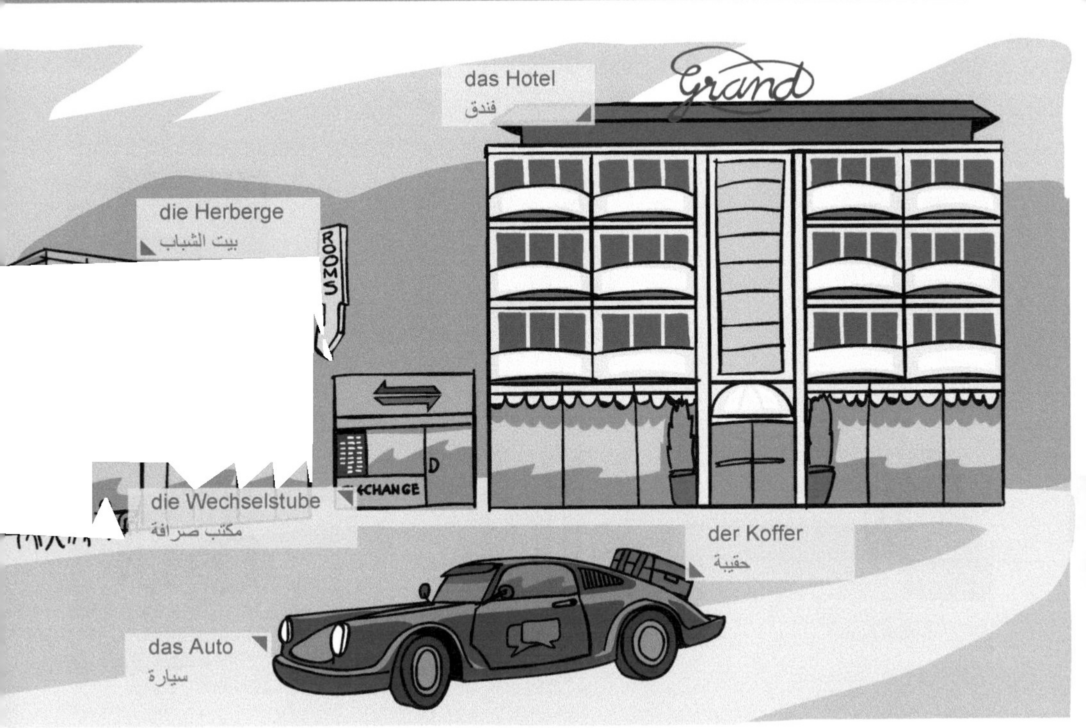
das Hotel
فندق
Grand
die Herberge
بيت الشباب
ROOMS
die Wechselstube
مكتب صرافة
der Koffer
حقيبة
das Auto
سيارة

die Sprache
اللغة

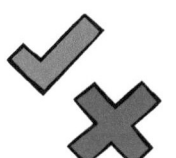

ja / nein
نعم / لا

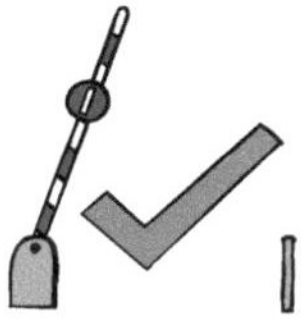

Okay
حسناً

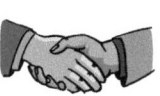

Hallo
مرحباً

der Übersetzer
مترجم

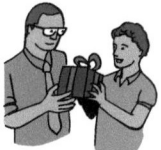

Danke
شكراً

Was kostet...?

كم ثمن ... ؟

Ich verstehe nicht

لا أفهم

das Problem

مشكلة

Guten Abend!

مساء الخير

Guten Morgen!

صباح الخير!

Gute Nacht!

ليلة سعيدة

Auf Wiedersehen

إلى اللقاء

die Richtung

اتجاه

das Gepäck

أمتعة السفر

die Tasche

حقيبة

der Rucksack

حقيبة ظهر

der Gast

ضيف

das Zimmer

غرفة

der Schlafsack

كيس للنوم

das Zelt

خيمة

die Touristeninformation

استعلامات سياحية

der Strand

شاطئ

die Kreditkarte

بطاقة ائتمان

das Frühstück

إفطار

das Mittagessen

طعام الغداء

das Abendessen

العشاء

die Fahrkarte

بطاقة سفر

der Fahrstuhl

مصعد

die Briefmarke

طابع بريدي

die Grenze

حدود

der Zoll

الجمارك

die Botschaft

سفارة

das Visum

تأشيرة

der Pass

جواز سفر

das Flugzeug
طائرة

das Schiff
سفينة

das Feuerwehrauto
سيارة إطفاء

der Bus
حافلة

der Lastwagen
سيارة شاحنة

das Motorboot
زورق آلي

das Fahrrad
دراجة

das Auto
سيارة

die Fähre

عبارة

das Boot

قارب

das Motorrad

دراجة نارية

das Polizeiauto

سيارة شرطة

das Rennauto

سيارة سباق

der Mietwagen

سيارة مستأجرة

der Transport - نقل

das Carsharing

أسلوب تشاركي في استئجار السيارات

der Abschleppwagen

سيارة للجر

das Müllauto

سيارة نقل القمامة

der Motor

محرك

der Kraftstoff

وقود

die Tankstelle

محطة وقود

das Verkehrsschild

إشارة مرور

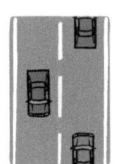

der Verkehr

حركة السير

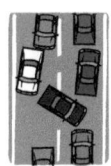

der Stau

ازدحام سير

der Parkplatz

موقف سيارات

der Bahnhof

محطة قطار

die Schienen

سكك حديدية

der Zug

قطار

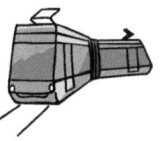

die Straßenbahn

ترام

der Wagon

عربة قطار

der Helikopter

طائرة مروحية

der Flughafen

مطار

der Tower

برج

der Passagier

مسافر

der Container

حاوية

der Karton

علبة كرتون

der Karren

عربة يد

der Korb

سلة

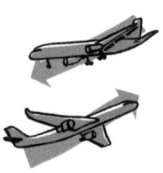

starten / landen

يقلع / يهبط

مدينة

das Dorf

قرية

das Stadtzentrum

مركز المدينة

das Haus

بيت

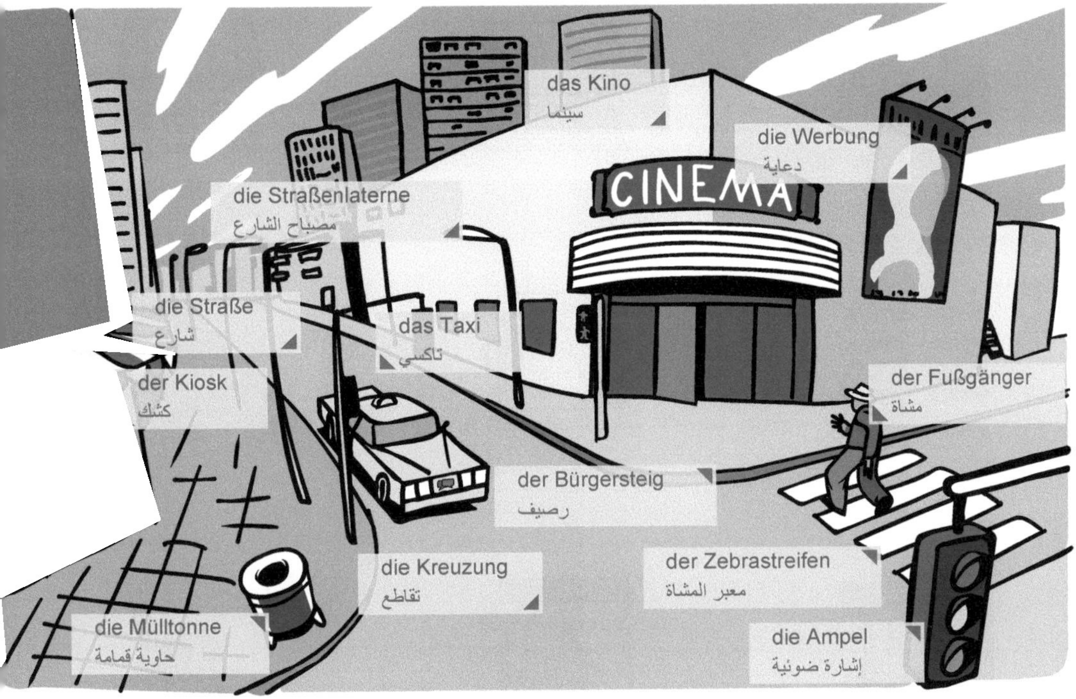

die Straßenlaterne
مصباح الشارع

das Kino
سينما

die Werbung
دعاية

die Straße
شارع

das Taxi
تاكسي

der Kiosk
كشك

der Fußgänger
مشاة

der Bürgersteig
رصيف

die Kreuzung
تقاطع

der Zebrastreifen
معبر المشاة

die Mülltonne
حاوية قمامة

die Ampel
إشارة ضوئية

CINEMA

die Hütte

كوخ

die Wohnung

شقة

der Bahnhof

محطة قطار

das Rathaus

دار البلدية

das Museum

متحف

die Schule

المدرسة

die Universität

الجامعة

die Bank

مصرف

das Krankenhaus

المستشفى

das Hotel

فندق

die Apotheke

صيدلية

das Büro

مكتب

die Buchhandlung

مكتبة

das Geschäft

متجر

der Blumenladen

محل لبيع الزهور

der Supermarkt

سوبرماركت

der Markt

سوق

das Kaufhaus

متجر كبير

der Fischhändler

تاجر السمك

das Einkaufszentrum

مركز تسوّق

der Hafen

ميناء

der Park

حديقة عامة

die Bank

مقعد

die Brücke

جسر

die Treppe

درج، سلم

die U-Bahn

مترو

der Tunnel

نفق

die Bushaltestelle

موقف حافلات

die Bar

بار

das Restaurant

مطعم

der Briefkasten

صندوق البريد

das Straßenschild

لافتة باسم الشارع

die Parkuhr

مقياس زمن الوقوف

der Zoo

حديقة حيوانات

die Badeanstalt

مسبح

die Moschee

مسجد

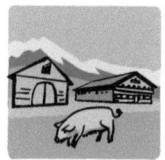

der Bauernhof

مزرعة

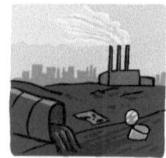

die Umweltverschmutzung

تلوث البيئة

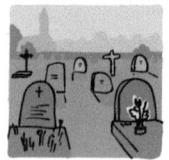

der Friedhof

مقبرة

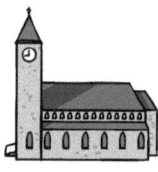

die Kirche

كنيسة

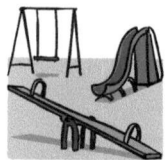

der Spielplatz

ملعب الأطفال

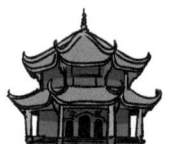

der Tempel

معبد

طبيعة ريفية

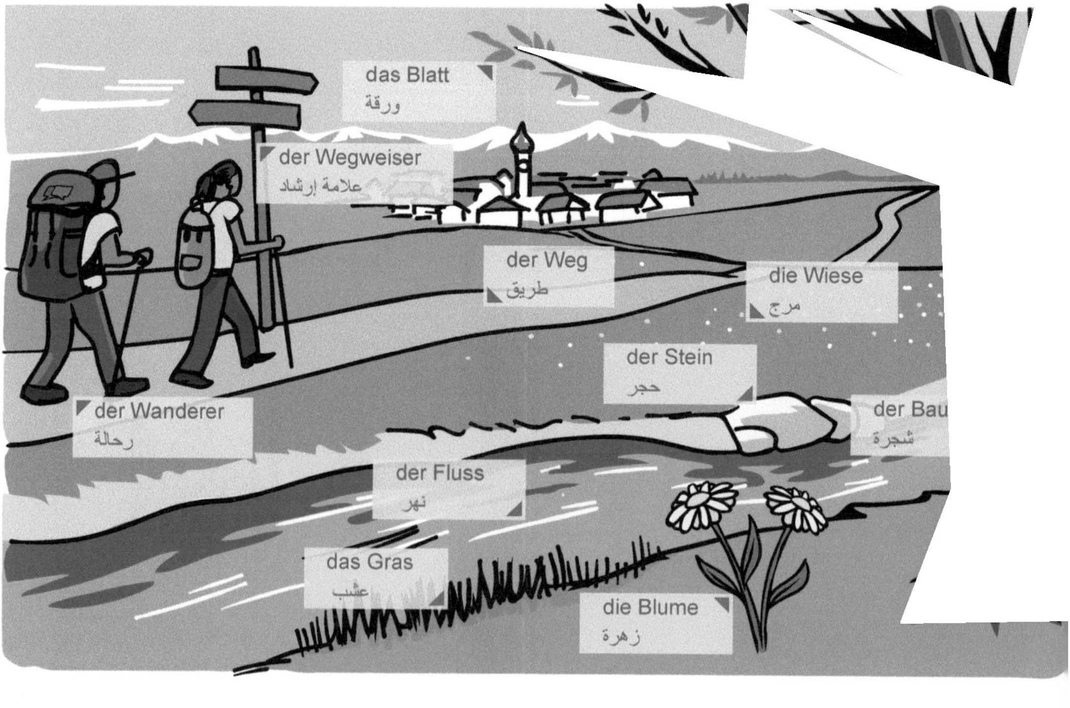
das Blatt
ورقة
der Wegweiser
علامة إرشاد
der Weg
طريق
die Wiese
مرج
der Stein
حجر
der Bau
شجرة
der Wanderer
رحالة
der Fluss
نهر
das Gras
عشب
die Blume
زهرة

das Tal

وادٍ

der Berg

جبل

der See

بحيرة

der Wald

غابة

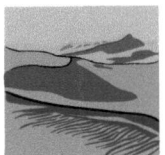

die Wüste

صحراء

der Vulkan

بركان

das Schloss

قلعة

der Regenbogen

قوس قزح

der Pilz

فطر

die Palme

نخلة

der Moskito

بعوض

die Fliege

ذبّانة

die Ameise

نملة

die Biene

نحلة

die Spinne

عنكبوت

der Käfer

خنفساء

der Frosch

ضفدعة

das Eichhörnchen

سنجاب

der Igel

قنفذ

der Hase

أرنب

die Eule

بومة

die Vogel

عصفور

der Schwan

بجعة

das Wildschwein

خنزير برّي

der Hirsch

غزال

der Elch

إلكة

der Staudamm

سد

das Windrad

دولاب الطاحونة الهوائية

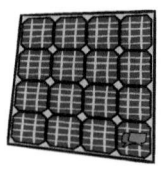

das Solarmodul

خلية شمسية

das Klima

مناخ

der Kellner
نادل

die Speisekarte
لائحة الطعام

der Stuhl
كرسي

die Suppe
حساء

die Pizza
بيتزا

das Besteck
أدوات المائدة

die Tischdecke
غطاء المائدة

die Vorspeise
مقبلات

das Hauptgericht
الصحن الرئيسي

die Nachspeise
حلوى أو فاكهة بعد الطعام

die Getränke
مشروبات

das Essen
طعام

die Flasche
زجاجة

das Fastfood

وجبات سريعة

das Streetfood

طعام الشارع

die Teekanne

إبريق الشاي

die Zuckerdose

علبة السكر

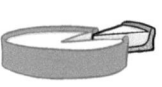

die Portion

حصّة

die Espressomaschine

آلة الإسبريسو

der Hochstuhl

كرسي عالٍ

die Rechnung

فاتورة

das Tablett

صينية

das Messer

سكين

die Gabel

شوكة

der Löffel

ملعقة

der Teelöffel

ملعقة الشاي

die Serviette

منديل المائدة

das Glas

كأس

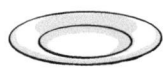

der Teller

صحن

der Suppenteller

صحن الحساء

die Untertasse

صحن الفنجان

die Sauce

صلصة

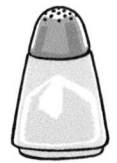

der Salzstreuer

مملحة

die Pfeffermühle

مطحنة الفلفل

der Essig

خلّ

das Öl

زيت الطعام

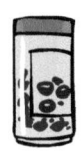

die Gewürze

توابل

das Ketchup

كتشاب

der Senf

خردل

die Mayonnaise

مايونيز

سوبرماركت

das Angebot
عرض خاص
FOR
der Kunde
زبون
die Milchprodukte
مشتقات الحليب
der Einkaufswagen
عربة تسوق

BUTCHERS

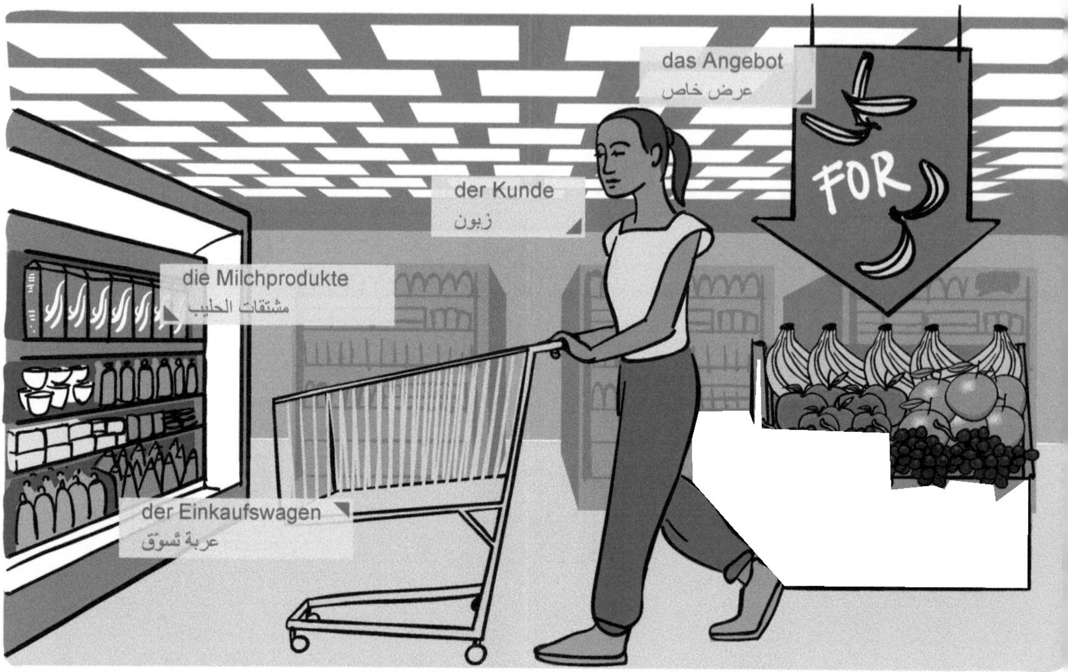

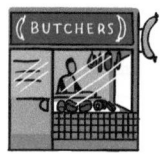

die Schlachterei

جزّار

BAKERY

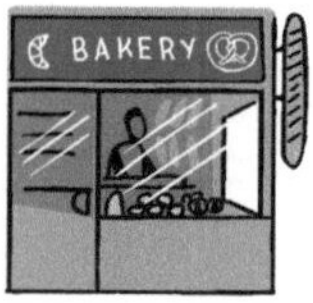

die Bäckerei

مخبز

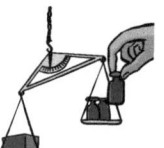

wiegen

يزن

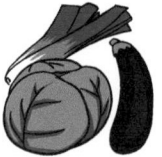

das Gemüse

خضار

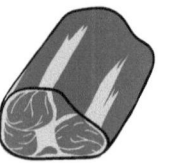

das Fleisch

لحم

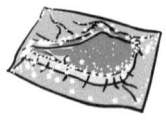

die Tiefkühlkost

المأكولات المجمّدة

der Aufschnitt

مرتدلا أو جبن

die Konserven

معلّبات

das Waschmittel

مسحوق الغسيل

die Süßigkeiten

حلويات

die Haushaltsartikel

المواد المنزلية

das Reinigungsmittel

منظفات

die Verkäuferin

بائعة

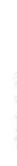

die Kasse

صندوق الحساب

der Kassierer

أمين صندوق

die Einkaufsliste

قائمة المشتريات

die Öffnungszeiten

أوقات العمل

die Brieftasche

محفظة النقود

die Kreditkarte

بطاقة انتمان

die Tasche

حقيبة

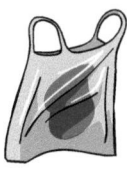

die Plastiktüte

كيس بلاستيكي

das Wasser

ماء

der Saft

عصير

die Milch

حليب

die Cola

كولا

der Wein

نبيذ

das Bier

بيرة

der Alkohol

كحول

der Kakao

كاكاو

der Tee

شاي

der Kaffee

قهوة

der Espresso

قهوة إسبريسو

der Cappuccino

كابوتشينو

die Banane

موزة

der Apfel

تفاح

die Orange

برتقال

die Melone

بطيخ

die Zitrone

ليمون

die Karotte

جزرة

der Knoblauch

ثوم

der Bambus

خيزران

die Zwiebel

بصل

der Pilz

فطر

die Nüsse

لوزيات

die Nudeln

شعيرية

die Spaghetti

سباغيتي

der Reis

أرزّ

der Salat

سلطة

die Pommes frites

بطاطا مقلية

die Bratkartoffeln

بطاطا مقلية

die Pizza

بيتزا

der Hamburger

هامبورغر

das Sandwich

ساندويش

das Schnitzel

شريحة لحم مقلية

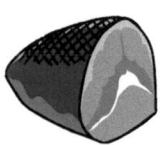

der Schinken

لحم خنزير

die Salami

سلامي

die Wurst

سجق

das Huhn

دجاج

der Braten

لحم محمر

der Fisch

سمك

die Haferflocken

دقيق الشوفان

das Müsli

موسلي

die Cornflakes

كورن فلكس

das Mehl

طحين

das Croissant

كرواسان

das Brötchen

خبز صغير

das Brot

خبز

der Toast

خبز محمص

die Kekse

بسكويت

die Butter

زبدة

der Quark

لبن زبادي

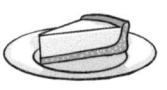

der Kuchen

كعكة

das Ei

بيضة

das Spiegelei

بيض مقلي

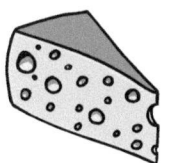

der Käse

جبنة

die Eiscreme

مثلجات

der Zucker

سكر

der Honig

عسل

die Marmelade

مربّى الفاكهة

die Nougat-Creme

كريم النوغا

das Curry

الكاري

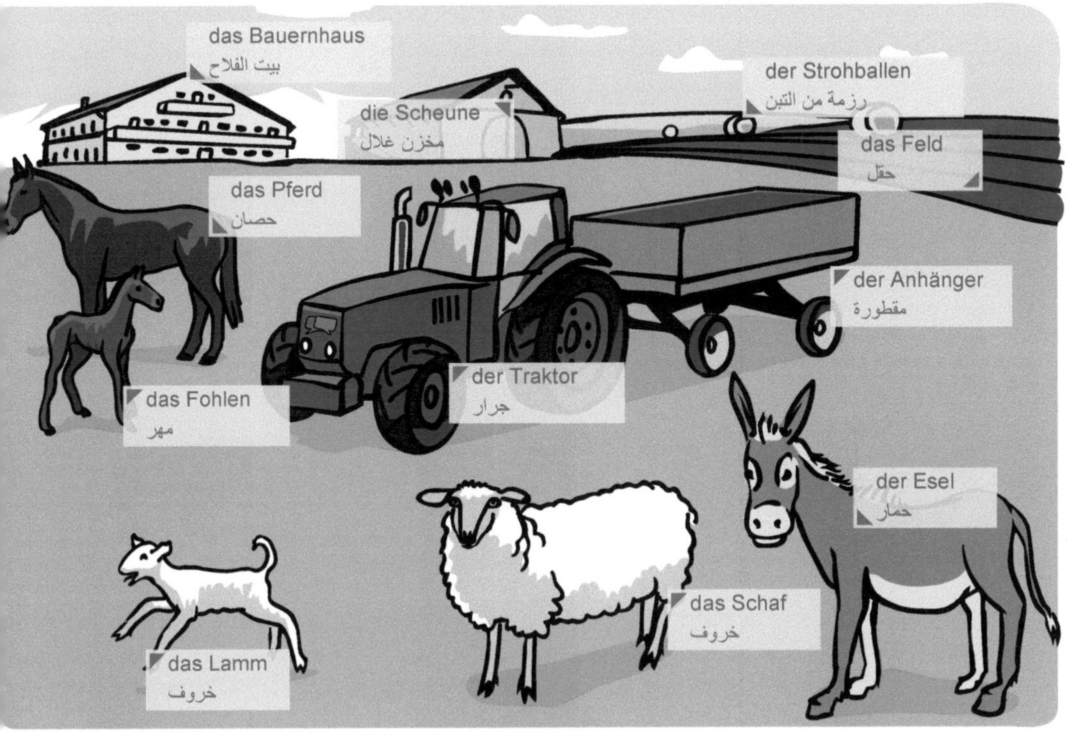

das Bauernhaus
بيت الفلاح

die Scheune
مخزن غلال

der Strohballen
رزمة من التبن

das Feld
حقل

das Pferd
حصان

der Anhänger
مقطورة

das Fohlen
مهر

der Traktor
جرار

der Esel
حمار

das Schaf
خروف

das Lamm
خروف

die Ziege
ماعز

die Kuh
بقرة

das Kalb
عجل

das Schwein
خنزير

das Ferkel
خنزير صغير

der Bulle
ثور

die Gans

إوزّة

die Ente

بطة

das Küken

صوص

das Huhn

دجاجة

der Hahn

ديك

die Ratte

جرذ

die Katze

قطّة

die Maus

فأر

der Ochse

ثور

der Hund

كلب

die Hundehütte

كوخ الكلب

der Gartenschlauch

خرطوم الحديقة

die Gießkanne

إبريق

die Sense

منجل

der Pflug

المحراث

die Sichel

منجل

die Hacke

معزقة

die Mistgabel

مذراة الزبل

die Axt

بلطة

die Schubkarre

عربة يد

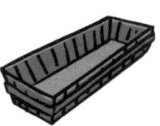

der Trog

معلف

die Milchkanne

صفيحة الحليب

der Sack

كيس

der Zaun

سياج

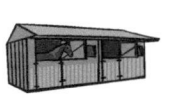

der Stall

اصطبل

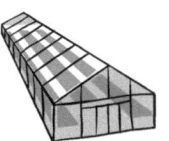

das Treibhaus

دفيئة

der Boden

تربة

die Saat

بذور

der Dünger

سماد

der Mähdrescher

حصّادة درّاسة

ernten

يحصد

die Ernte

محصول

die Yamswurzel

بطاطا يامس

der Weizen

قمح

das Soja

صويا

die Kartoffel

بطاطا

der Mais

ذرة

der Raps

سلجم

der Obstbaum

شجرة فاكهة

der Maniok

نبات منيهوت

das Getreide

الحبوب

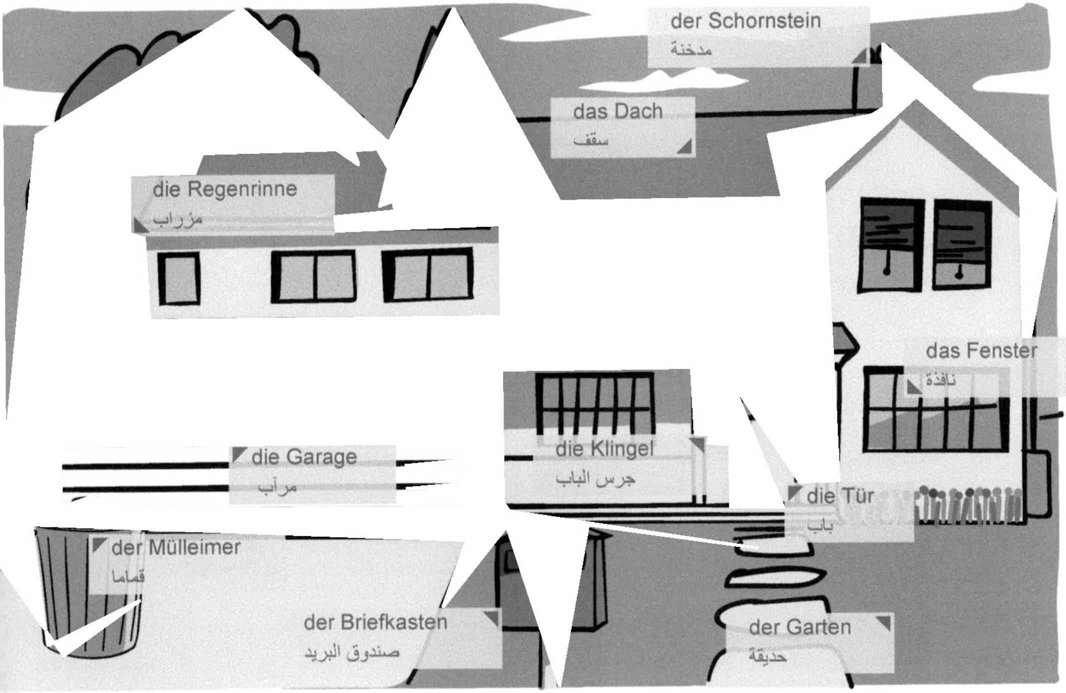

der Schornstein
مدخنة

das Dach
سقف

die Regenrinne
مزراب

das Fenster
نافذة

die Garage
مرآب

die Klingel
جرس الباب

die Tür
باب

der Mülleimer
قمامة

der Briefkasten
صندوق البريد

der Garten
حديقة

das Wohnzimmer
غرفة جلوس

das Badezimmer
الحمّام

die Küche
مطبخ

das Schlafzimmer
غرفة النوم

das Kinderzimmer
غرفة الأطفال

das Esszimmer
غرفة الطعام

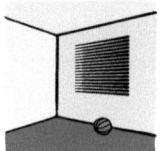

der Boden

أرضية

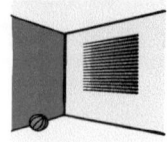

die Wand

حائط

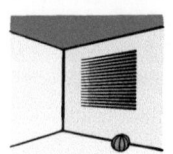

die Decke

سقف

der Keller

قبو

die Sauna

ساونا

der Balkon

بلكون

die Terrasse

شرفة

das Schwimmbad

مسبح

der Rasenmäher

جزّازة العشب

der Bettbezug

بياضات السرير

die Bettdecke

بطانية

das Bett

سرير

der Besen

مكنسة

der Eimer

سطل

der Schalter

مفتاح كهربائي

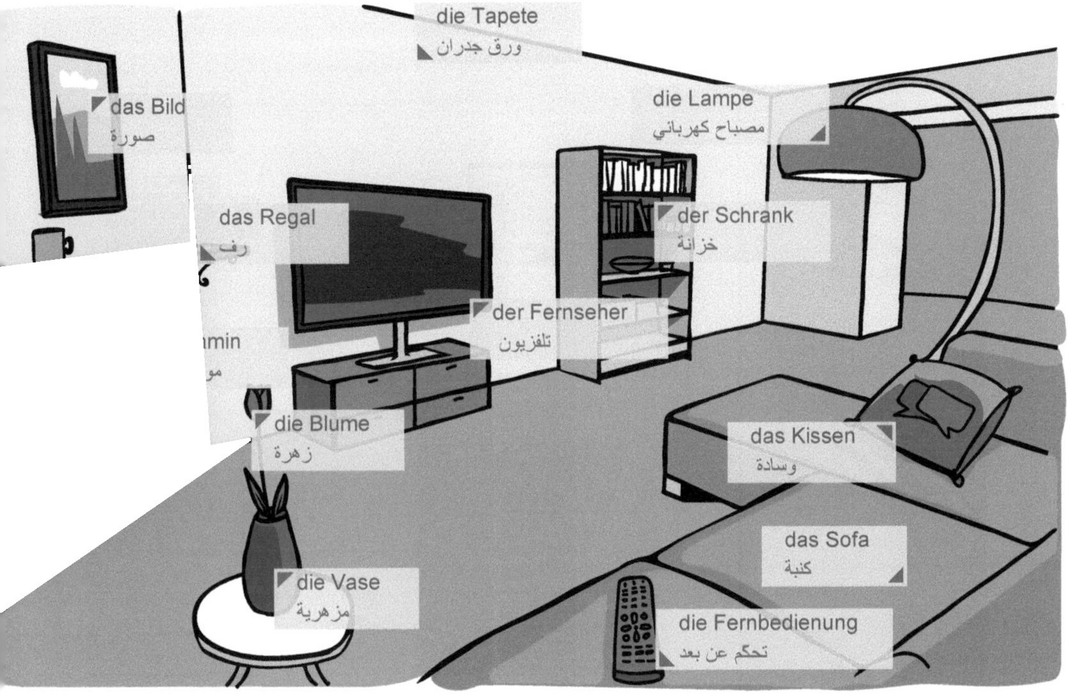

die Tapete
ورق جدران ◀

das Bild
صورة

die Lampe
مصباح كهرباني ◀

das Regal
رف ◀

der Schrank
خزانة

der Fernseher
تلفزيون

...amin
مو...

die Blume
زهرة

das Kissen
وسادة ◀

das Sofa
كنبة ◀

die Vase
مزهرية

die Fernbedienung
تحكم عن بعد ◀

der Teppich
بساط

der Vorhang
ستارة

der Tisch
طاولة

der Stuhl
كرسي

der Schaukelstuhl
كرسي هزّاز

der Sessel
كرسي ذو ذراعين

das Buch

الكتاب

die Decke

بطانية

die Dekoration

زخرفة

das Feuerholz

الحطب

der Film

فيلم

die Stereoanlage

تجهيزات ستيريو

der Schlüssel

مفتاح

die Zeitung

جريدة

das Gemälde

لوحة مرسومة

das Poster

مُلصق

das Radio

راديو

der Notizblock

دفتر ملاحظات

der Staubsauger

المكنسة الكهربائية

der Kaktus

صبّار

die Kerze

شمعة

der Kühlschrank
برّاد

die Mikrowelle
ميكروويف

die Küchenwaage
ميزان المطبخ

der Toaster
محمصة الخبز

das Reinigungsmittel
منظفات

der Backofen
فرن

das Gefrierfach
ثلاجة

der Mülleimer
قماما

der Geschirrspüler
جلاية

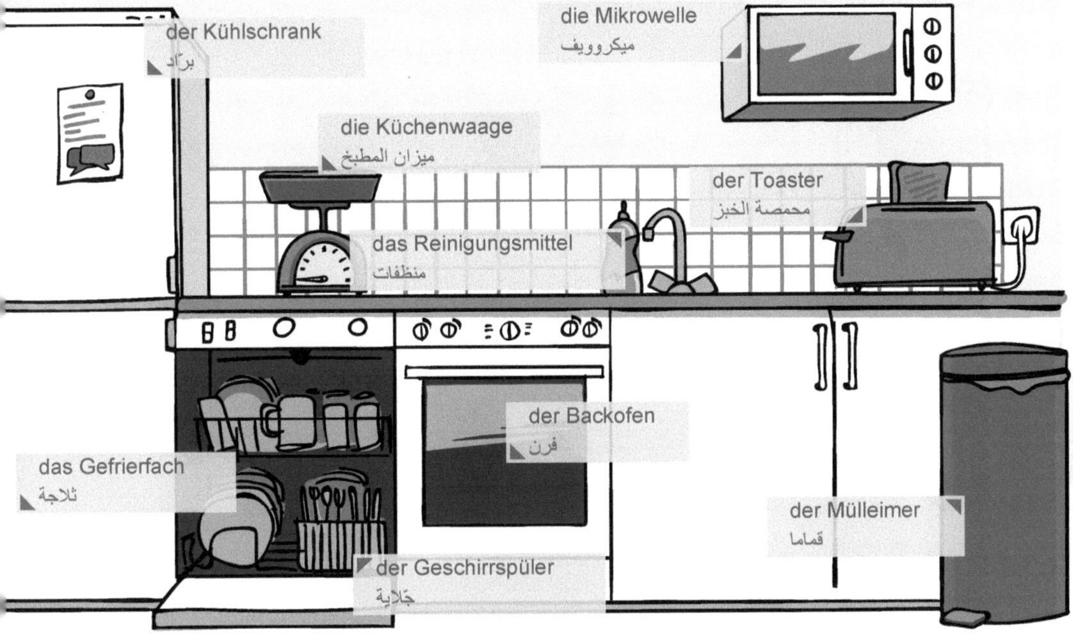

der Herd

موقد

der Topf

قدر

der Eisentopf

وعاء من الحديد

der Wok / Kadai

قدر صيني

die Pfanne

مقلاة

der Wasserkocher

غلاية

der Dampfgarer

قدر البخار

das Backblech

صينية

das Geschirr

أواني

der Becher

فنجان

die Schale

صحن

die Essstäbchen

عيدان الأكل

die Suppenkelle

مغرفة

der Pfannenwender

ملعقة منبسطة

der Schneebesen

خفاقة

das Kochsieb

مصفاة

das Sieb

مصفاة

die Reibe

مبشرة

der Mörser

هاون

der Grill

شواء

die Feuerstelle

موقد

das Schneidebrett

لوح التقطيع

das Nudelholz

نشّابة

der Korkenzieher

مفتاح الزجاجات

die Dose

علبة

der Dosenöffner

مفتاح العلب المعدنية

der Topflappen

قماش الفرن

das Waschbecken

مجلى

die Bürste

فرشاة

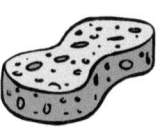

der Schwamm

إسفنج

der Mixer

خلاط

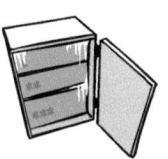

die Gefriertruhe

مجمّدة

die Babyflasche

زجاجة الطفل

der Wasserhahn

صنبور الماء

die Heizung
تدفئة

die Dusche
دوش

das Handtuch
منشفة

der Duschvorhang
ستارة الدوش

das Schaumbad
حمام رغوة

die Badewanne
حوض الحمام

das Glas
كأس

die Waschmaschine
غسالة

der Wasserhahn
صنبور الماء

die Fliesen
بلاط

das Töpfchen
قفازات مطاطية

das Waschbecken
مجلى

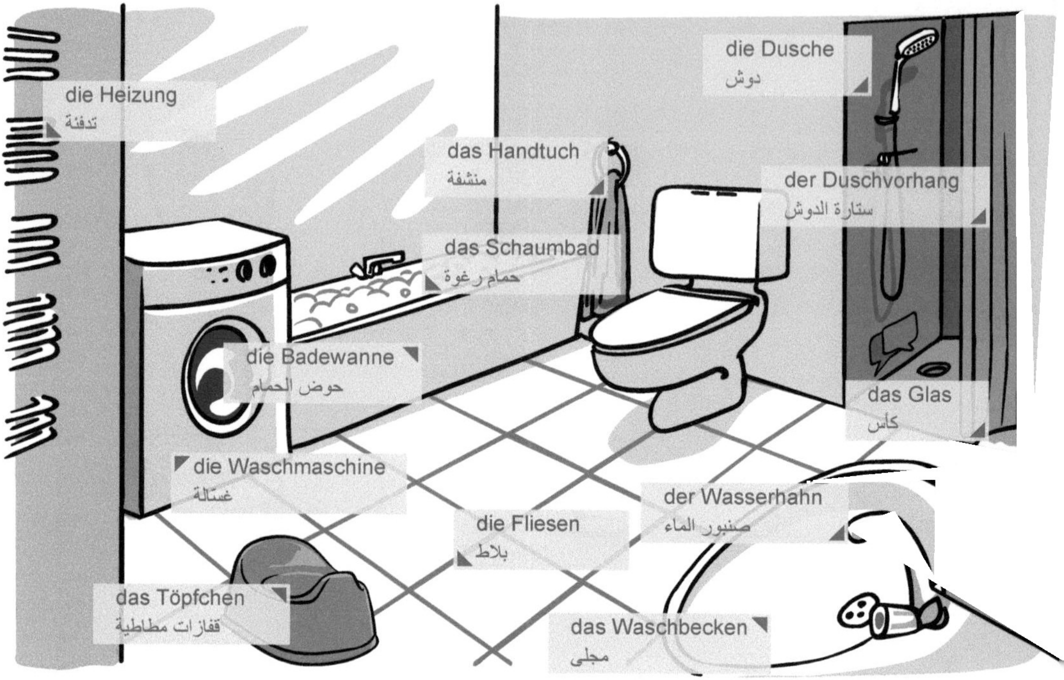

die Toilette
....
حمام

die Hocktoilette
....
مرحاض القرفصاء

das Bidet
....
حوض التشطيف

das Pissoir
....
مبولة

das Toilettenpapier
....
ورق المرحاض

die Toilettenbürste
....
فرشاة الحمام

die Zahnbürste

فرشاة الأسنان

die Zahnpasta

معجون الأسنان

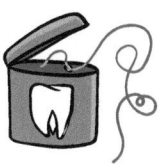

die Zahnseide

خيط حرير لتنظيف الأسنان

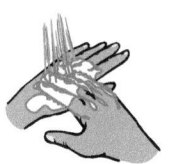

waschen

يغسل

die Handbrause

رشاش ماء يدوي

die Intimdusche

شطاف

die Waschschüssel

حوض الغسيل

die Rückenbürste

فرشاة الظهر

die Seife

صابون

das Duschgel

جيل الدوش

das Shampoo

شامبو

der Waschlappen

ممسحة

der Abfluss

مصرف للماء

die Creme

مرهم

das Deodorant

مزيل الروائح

der Spiegel

مرآة

der Kosmetikspiegel

مرآة يد

der Rasierer

موس حلاقة

der Rasierschaum

رغوة الحلاقة

das Rasierwasser

كولونيا

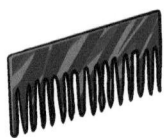

der Kamm

مشط

die Bürste

فرشاة

der Föhn

سشوار

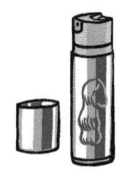

das Haarspray

مثبت للشعر

das Makeup

ماكياج

der Lippenstift

روج

der Nagellack

طلاء أظافر

die Watte

قطن

die Nagelschere

مقص أظافر

das Parfum

عطر

der Kulturbeutel

سلة الغسيل

der Hocker

مقعد صغير

die Waage

ميزان

der Bademantel

معطف الحمام

die Gummihandschuhe

قفازات مطاطية

das Tampon

سدادة قطنية

die Damenbinde

منشفة صحية

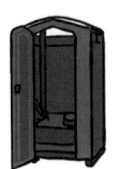

die Chemietoilette

تواليت كيميائية

غرفة الأطفال

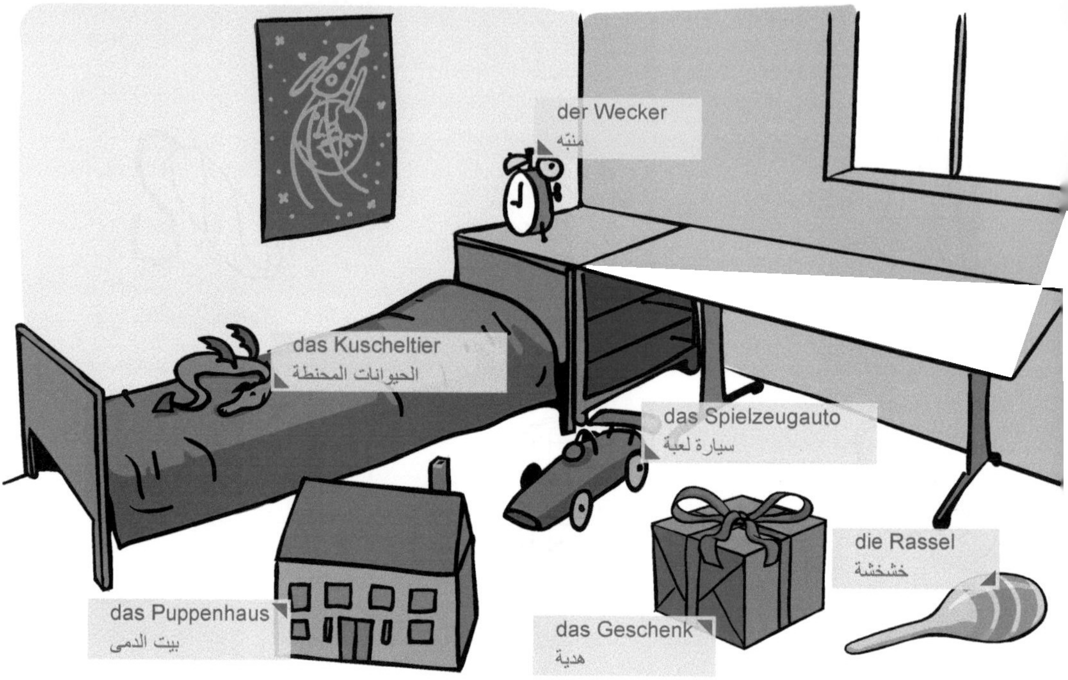
der Wecker
منبّه
das Kuscheltier
الحيوانات المحنطة
das Spielzeugauto
سيارة لعبة
die Rassel
خشخشة
das Puppenhaus
بيت الدمى
das Geschenk
هدية

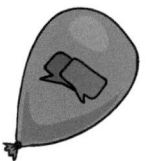

der Ballon

بالون

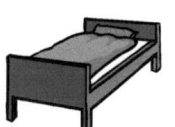

das Bett

سرير

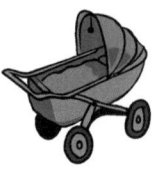

der Kinderwagen

عربة الأطفال

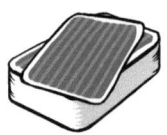

das Kartenspiel

لعبة الورق

das Puzzle

أحجية

SUPER
MEGA

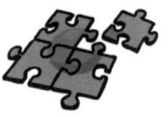

der Comic

رسوم هزلية

die Legosteine
أحجار الليغو

die Bausteine
حجارة تركيب

die Action Figur
دمية بطل

der Strampelanzug
لباس الطفل

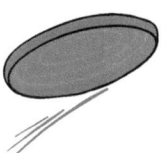

das Frisbee
فريسبي

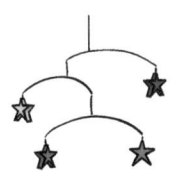

das Mobile
دمية معلقة

das Brettspiel
لعبة الطاولة

der Würfel
لعبة النرد

die Modelleisenbahn
لعبة قطار

der Schnuller
مصّاصة

die Party
حفلة

das Bilderbuch
كتاب مصوّر

der Ball
كرة

die Puppe
دميّة

spielen
يلعب

der Sandkasten

ملعب رملي للأطفال

die Schaukel

أرجوحة

das Spielzeug

لعبة

die Spielkonsole

ألعاب فيديو

das Dreirad

دراجة ثلاثية

der Teddy

دمية على شكل الدب

der Kleiderschrank

خزانة الثياب

die Socken

جوارب قصيرة

die Strümpfe

جوارب طويلة

die Strumpfhose

جورب بنطلون

der Schal
شال

der Gürtel
حزام

der Regenschirm
شمسية

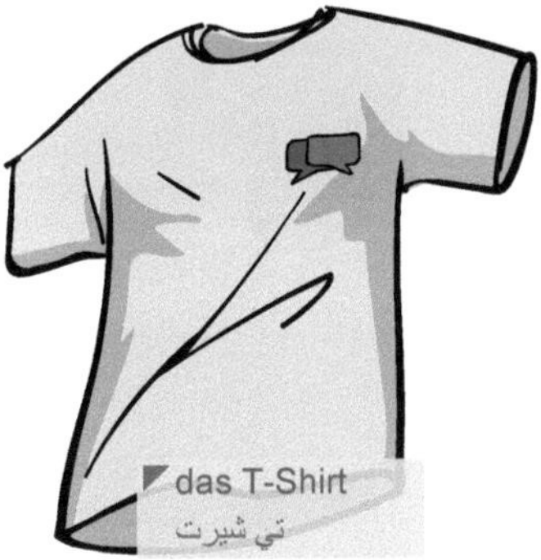

das T-Shirt
تي شيرت

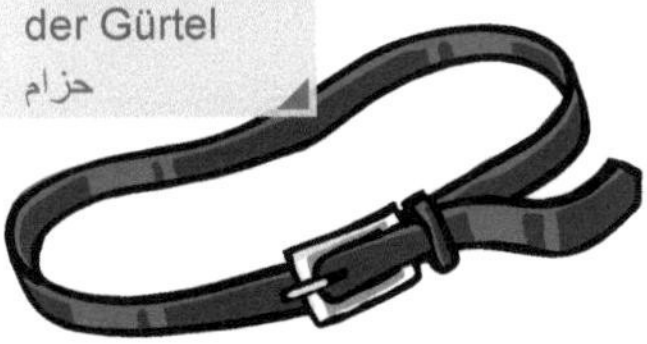

der Stiefel
حذاء شتوي

die Hausschuhe
شبشب

die Turnschuhe
أحذية رياضية

die Sandalen
صندل

die Schuhe
حذاء

die Gummistiefel
جزمة كاوتشوك

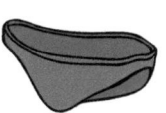

die Unterhose
سروال داخلي

der Büstenhalter
صدّارة

das Unterhemd
قميص داخلي

der Body
لباس ملاصق للجسم

die Hose
بنطلون

die Jeans
جينز

der Rock
تنورة

die Bluse
بلوزة

das Hemd
قميص

der Pullover
سترة قطنية

der Kapuzenpullover
كنزة كم طويل

der Blazer
سترة فضفاضة

die Jacke
سترة

der Mantel
معطف

der Regenmantel
معطف مطري

das Kostüm
زي – طقم نسائي

das Kleid
ثوب

das Hochzeitskleid
ثوب الزفاف

der Anzug

طقم

das Nachthemd

قميص نوم

der Schlafanzug

بيجاما

der Sari

ساري

das Kopftuch

حجاب

der Turban

عمامة

die Burka

برقع

der Kaftan

قفطان

die Abaya

عباءة

der Badeanzug

مايوه

die Badehose

سروال سباحة

die kurze Hose

شرت

der Trainingsanzug

بدلة رياضية

die Schürze

منزر

die Handschuhe

قفازات

der Knopf

زر

die Brille

نظّارة

das Armband

إسوارة

die Halskette

عقد

der Ring

خاتم

der Ohrring

قرط

die Mütze

طاقيّة

der Kleiderbügel

علاقة ثياب

der Hut

قبّعة

die Krawatte

ربطة العنق

der Reißverschluss

سحّاب

der Helm

خوذة

der Hosenträger

حمّالة البنطلون

die Schuluniform

اللباس المدرسي

die Uniform

زي موحّد

das Lätzchen

مريلة الأطفال

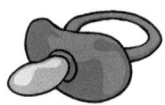

der Schnuller

مصّاصة

die Windel

لفافة

der Server

المخدم

der Aktenschrank

خزانة الملفات

der Drucker

طابعة

das Papier

ورقة

der Monitor

شاشة

die Maus

فارة

die Tastatur

لوحة المفاتيح

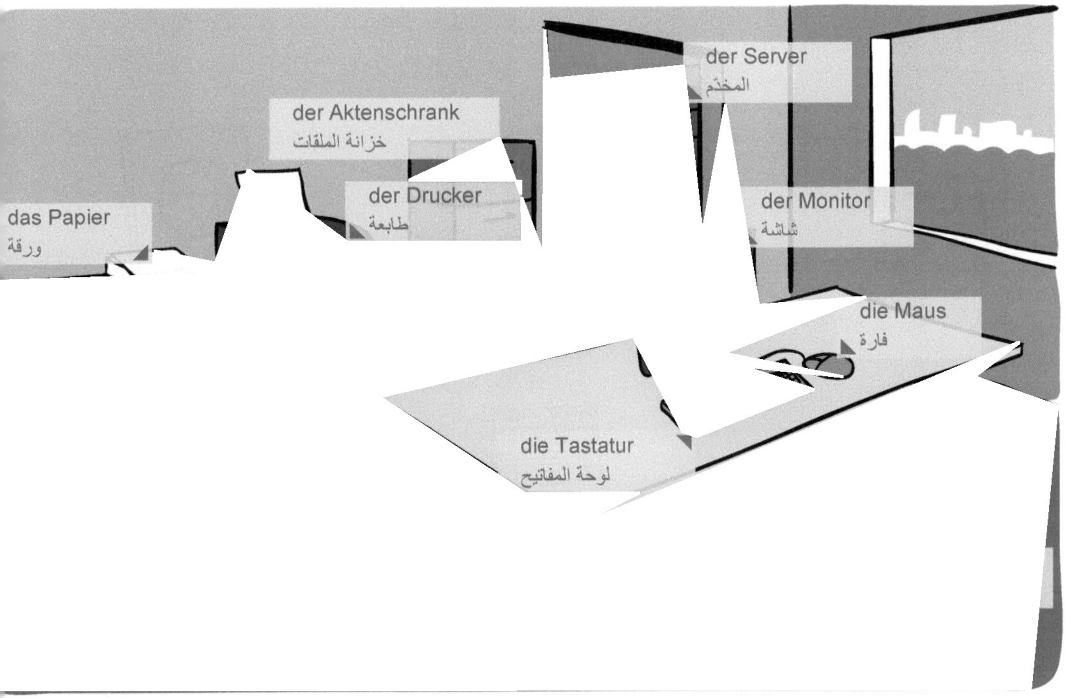

der Kaffeebecher

كأس من القهوة

der Taschenrechner

الآلة الحاسبة

das Internet

الإنترنت

das Büro - مكتب   49

der Laptop

الحاسوب المحمول

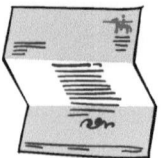

der Brief

رسالة

die Nachricht

خبر

das Handy

الهاتف المحمول

das Netzwerk

شبكة

der Kopierer

جهاز تصوير

die Software

البرمجيات

das Telefon

هاتف

die Steckdose

مقبس كهربائي

das Fax

فاكس

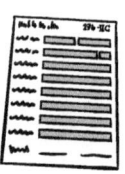

das Formular

استمارة

das Dokument

وثيقة

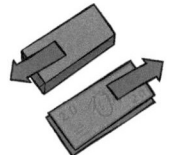

kaufen

يَشْتري

bezahlen

يدفع

handeln

يتاجر

das Geld

مال

der Dollar

دولار

der Euro

يورو

der Yen

ين

der Rubel

روبل

der Franken

فرنك سويسري

der Renminbi Yuan

يوان

die Rupie

روبية

der Geldautomat

صرّاف آلي

die Wirtschaft - اقتصاد   51

die Wechselstube

مكتب صرافة

das Gold

ذهب

das Silber

فضة

das Öl

نفط

die Energie

طاقة

der Preis

سعر

der Vertrag

عقد

die Steuer

ضريبة

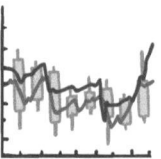

die Aktie

سهم

arbeiten

يعمل

der Angestellte

موظف

der Arbeitgeber

رب العمل

die Fabrik

مصنع

das Geschäft

متجر

der Polizist
الشرطي

der Feuerwehrmann
رجل إطفاء

der Koch
طبّاخ

der Arzt
الطبيب

der Pilot
طيّار

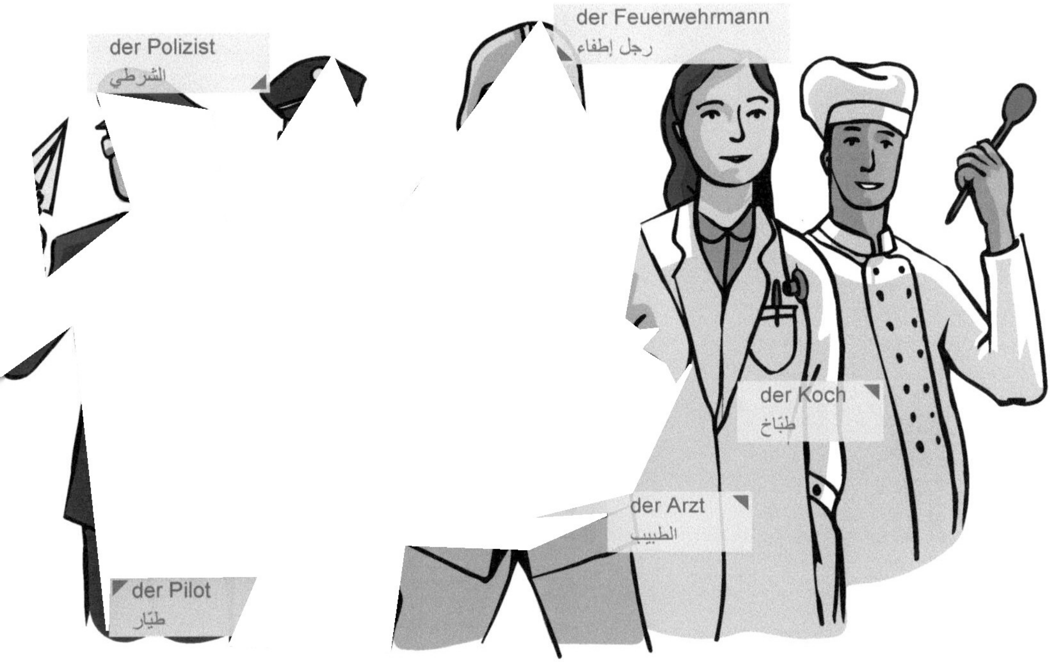

der Gärtner

بستاني

der Tischler

نجّار

die Näherin

خيّاطة

der Richter

قاضٍ

der Chemiker

كيميائي

der Schauspieler

ممثّل

die Berufe - المِهَن

der Busfahrer

سائق حافلة

der Taxifahrer

سائق تاكسي

der Fischer

صياد سمك

die Putzfrau

أجيرة للتنظيف

der Dachdecker

بنّاء سقف

der Kellner

نادل

der Jäger

صيّاد

der Maler

رسّام

der Bäcker

خبّاز

der Elektriker

كهربائي

der Bauarbeiter

عامل بناء

der Ingenieur

مهندس

der Schlachter

لحّام

der Klempner

سمكري

der Postbote

ساعي البريد

der Soldat

جندي

der Architekt

مهندس معماري

der Kassierer

أمين صندوق

der Florist

بائع الزهور

der Friseur

حلاق

der Schaffner

مراقب القطار

der Mechaniker

ميكانيكي

der Kapitän

قبطان

der Zahnarzt

طبيب أسنان

der Wissenschaftler

رجل العلم

der Rabbi

حاخام

der Imam

إمام

der Mönch

راهب

der Geistliche

كاهن

عدة عمل

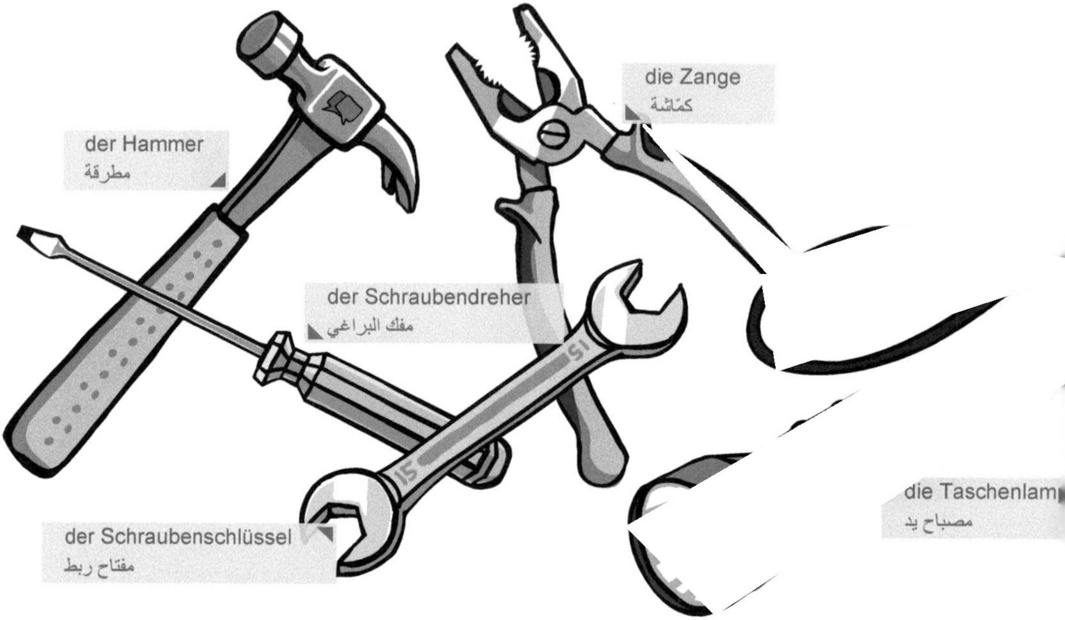
die Zange
كمّاشة
der Hammer
مطرقة
der Schraubendreher
مفك البراغي
die Taschenlam
مصباح يد
der Schraubenschlüssel
مفتاح ربط

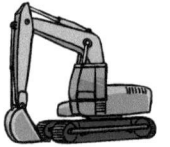

der Bagger

جرافة

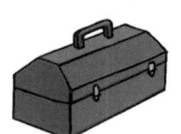

der Werkzeugkasten

صندوق العدة

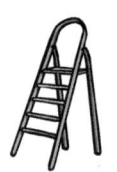

die Leiter

سلّم

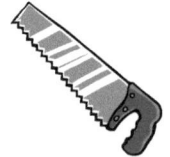

die Säge

منشار

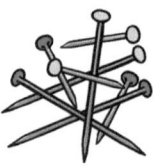

die Nägel

مسامير

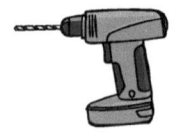

der Bohrer

مثقب

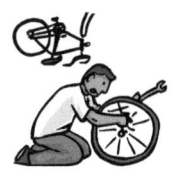

reparieren

يصلح

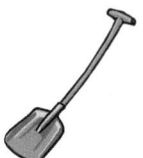

die Schaufel

مجرفة

Mist!

اللعنة

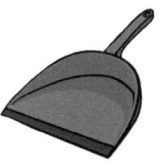

das Kehrblech

لقاطة الكناسة

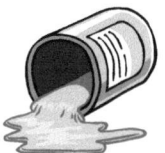

der Farbtopf

سطل الألوان

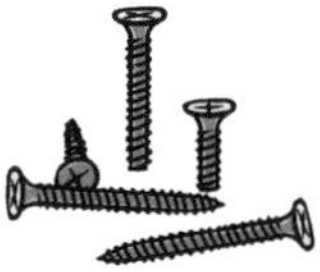

die Schrauben

براغي

آلات موسيقية

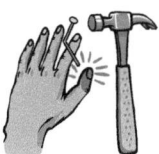

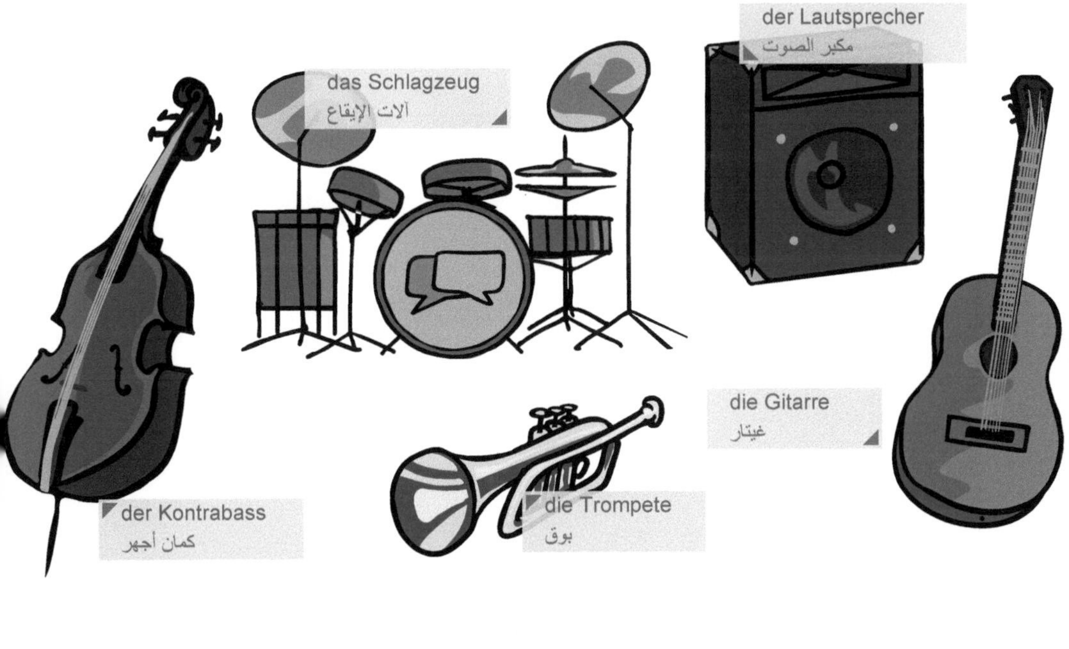
der Lautsprecher
مكبر الصوت
das Schlagzeug
آلات الإيقاع
die Gitarre
غيتار
der Kontrabass
كمان أجهر
die Trompete
بوق

das Klavier

بيانو

die Violine

كمنجة

der Bass

جهير

die Pauke

طبل كبير

die Trommeln

طبل

das Keyboard

بيانو كهربائي

das Saxophon

ساكسوفون

die Flöte

ناي

das Mikrofon

ميكروفون

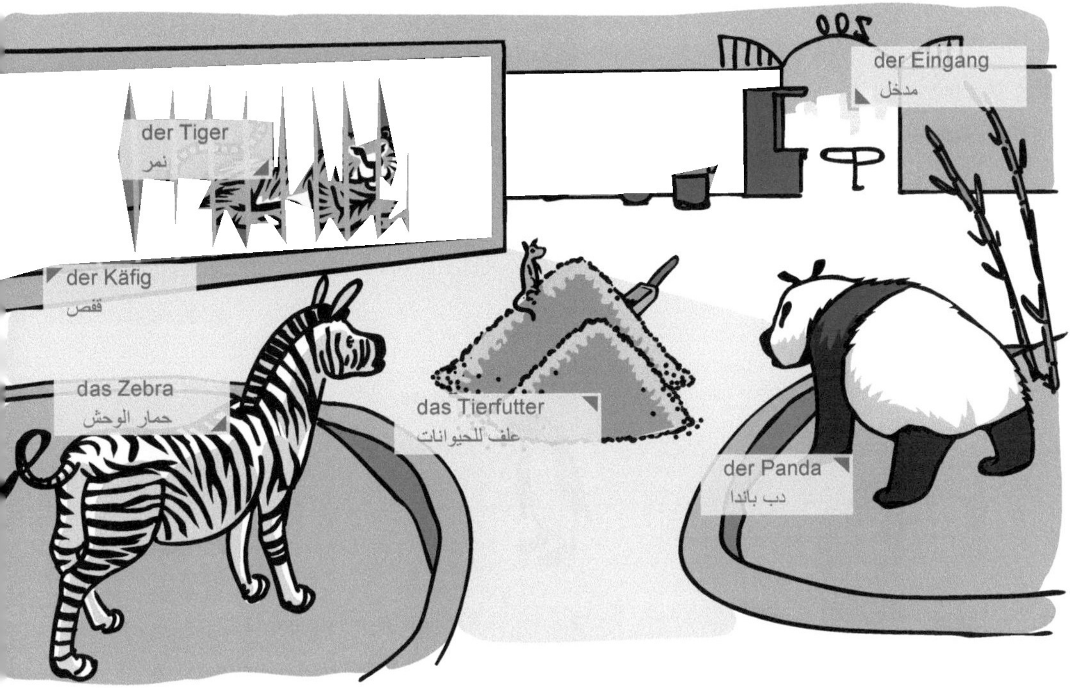

der Eingang
مدخل

der Tiger
نمر

der Käfig
قفص

das Zebra
حمار الوحش

das Tierfutter
علف للحيوانات

der Panda
دب باندا

die Tiere

حيوانات

der Elefant

فيل

der Känguruh...

das Känguruh

كنغر

das Nashorn

وحيد القرن

der Gorilla

غوريلا

der Bär

دب

das Kamel

جمل

der Strauß

نعامة

der Löwe

أسد

der Affe

قرد

der Flamingo

طائر فلامينغو

der Papagei

ببغاء

der Eisbär

دب قطبي

der Pinguin

بطريق

der Hai

سمك القرش

der Pfau

طاووس

die Schlange

أفعى

das Krokodil

تمساح

der Zoowärter

حارس في حديقة الحيوان

die Robbe

عجل البحر

der Jaguar

نمر أمريكي مرقط

das Pony

فرس قزم

der Leopard

نمر

das Nilpferd

فرس النهر

die Giraffe

زرافة

der Adler

نسر

das Wildschwein

خنزير برّي

der Fisch

سمك

die Schildkröte

سلحفاة

das Walross

حيوان فظ البحري

der Fuchs

ثعلب

die Gazelle

غزال

das American Football
كرة القدم الأمريكية

das Radfahren
ركوب الدراجات

das Tennis
كرة التنس

der Basketball
كرة السلة

das Schwimmen
السباحة

das Boxen
الملاكمة

das Eishockey
هوكي الجليد

der Fußball
كرة القدم

das Badminton
الريشة الطائرة

die Leichtathletik
ألعاب القوى الخفيفة

der Handball
كرة اليد

das Skilaufen
التزلج على الثلج

das Polo
بولو

springen
يقفز

lachen
يضحك

umarmen
يعانق

gehen
يمشي

singen
يغني

träumen
يحلم

beten
يصلي

küssen
يقبّل

schreiben
يكتب

zeichnen
يرسم

zeigen
يُري

drücken
يدفع

geben
يعطي

nehmen
يأخذ

haben

يملك

tun

يعمل

sein

يوجد

stehen

يقف

laufen

يركض

ziehen

يسحب

werfen

يرمي

fallen

يقع

liegen

يستلقي

warten

ينتظر

tragen

يحمل

sitzen

يجلس

anziehen

يلبس

schlafen

ينام

aufwachen

يستيقظ

ansehen

ينظر إلى ..

weinen

يبكي

streicheln

يمسّد

kämmen

يمشّط

reden

يتكلم

verstehen

يفهم

fragen

يسأل

hören

يسمع

trinken

يشرب

essen

يأكل

aufräumen

يرتب

lieben

يحب

kochen

يطبخ

fahren

يقود

fliegen

يطير

die Aktivitäten - نشاطات

segeln

يبحر بزورق شراعي

rechnen

يحسب

lesen

يقرا

lernen

يتعلم

arbeiten

يعمل

heiraten

يتزوج

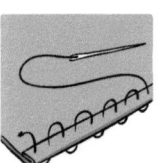

nähen

يخيط

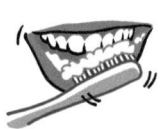

Zähne putzen

ينظف أسنانه

töten

يقتل

rauchen

يدخّن

senden

يرسل

die Großmutter

der Großvater
جدّ

der Vater
أب

die Mutter
أم

das Baby
الطفل

die Tochter
ابنة

der Sohn
ابن

der Gast

ضيف

die Tante

عمّة / خالة

der Onkel

عمّ / خال

der Bruder

أخ

die Schwester

أخت

die Familie - عائلة

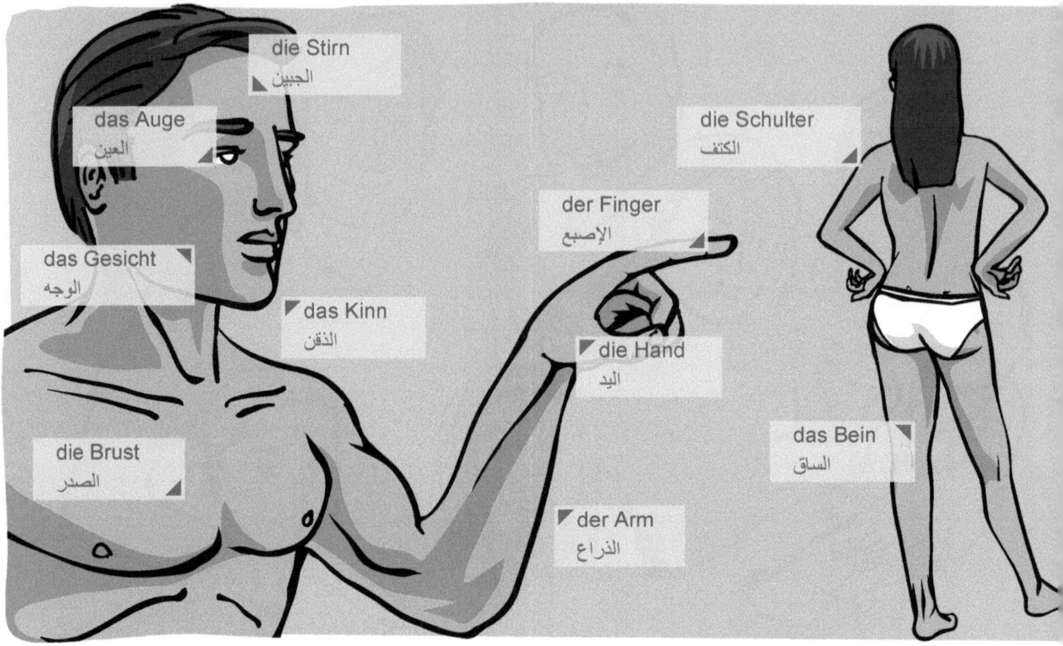

die Stirn
الجبين

das Auge
العين

die Schulter
الكتف

der Finger
الإصبع

das Gesicht
الوجه

das Kinn
الذقن

die Hand
اليد

die Brust
الصدر

das Bein
الساق

der Arm
الذراع

das Baby
الطفل

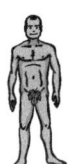

der Mann
الرجل

die Frau
المرأة

das Mädchen
البنت

der Junge
الولد

der Kopf
الرأس

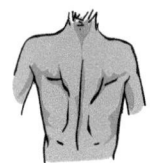

der Rücken

الظهر

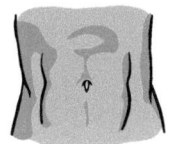

der Bauch

البطن

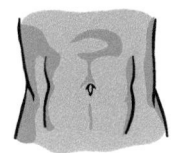

der Nabel

السرّة

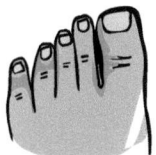

der Zeh

إصبع القدم

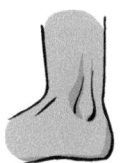

die Ferse

الكعب

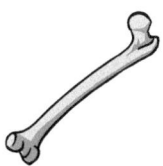

der Knochen

العظم

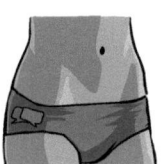

die Hüfte

الورك

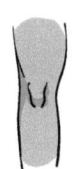

das Knie

الركبة

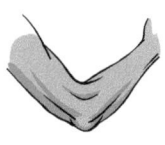

der Ellenbogen

المرفق

die Nase

الأنف

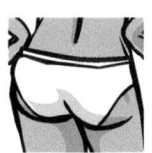

das Gesäß

العَجُز

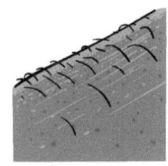

die Haut

البشرة

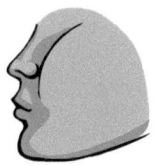

die Wange

الخد

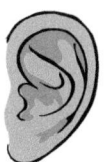

das Ohr

الأذن

die Lippe

الشفة

der Mund

الفم

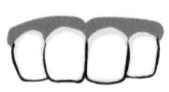

der Zahn

السن

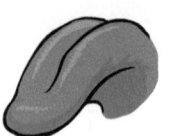

die Zunge

اللسان

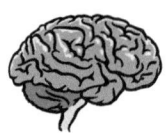

das Gehirn

الدماغ

das Herz

القلب

der Muskel

العضلة

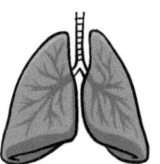

die Lunge

الرئة

die Leber

الكبد

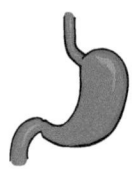

der Magen

المعدة

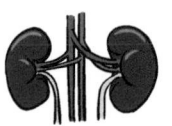

die Nieren

الكِلى

der Geschlechtsverkehr

الاتصال الجنسي

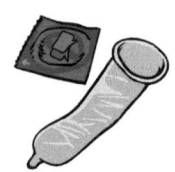

das Kondom

الواقي المطاطي

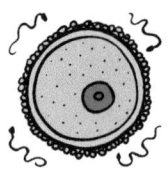

die Eizelle

البويضة

das Sperma

المنيّ

die Schwangerschaft

الحمل

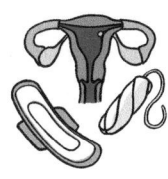

die Menstruation

الحيض

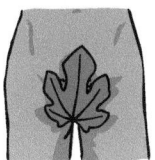

die Vagina

المهبل

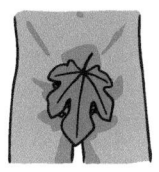

der Penis

القضيب

die Augenbraue

الحاجب

das Haar

الشعر

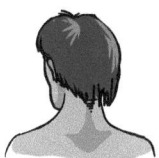

der Hals

الرقبة

المستشفى

das Krankenhaus
المستشفى
der Rollstuhl
الكرسي المتحرك
der Bruch
كسر

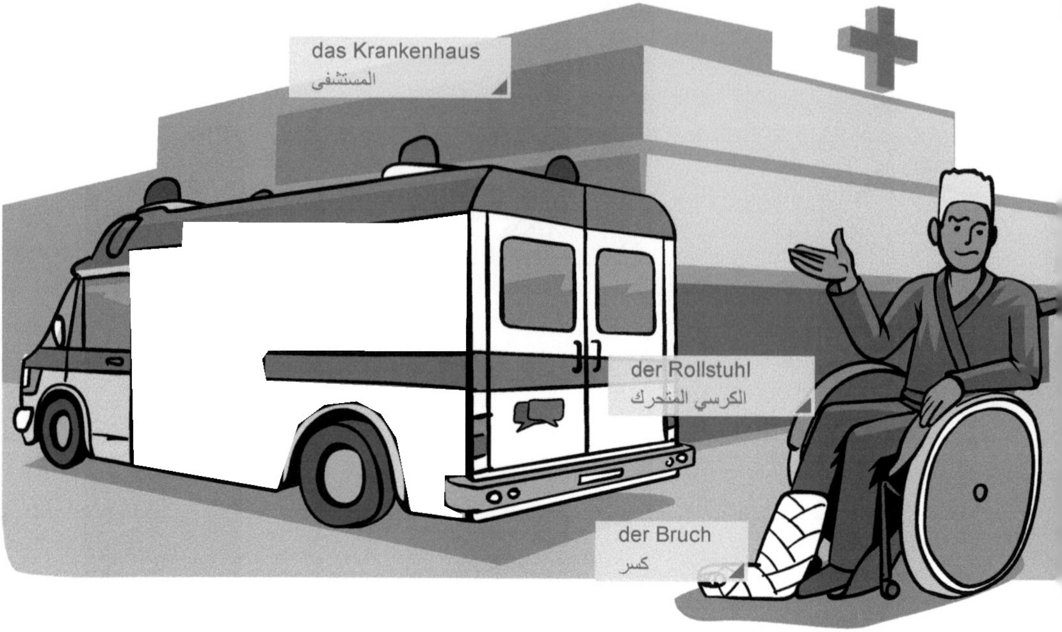

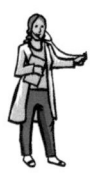

der Arzt

الطبيب

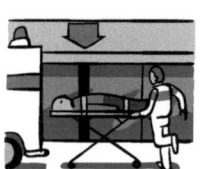

die Notaufnahme

غرفة الإسعاف

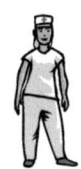

die Krankenschwester

الممرضة

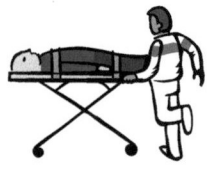

der Notfall

حالة

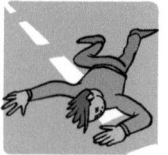

ohnmächtig

مغمى عليه

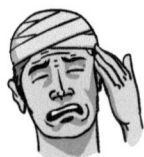

der Schmerz

الألم

die Verletzung

إصابة

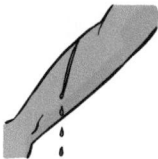

die Blutung

النزيف

der Herzinfarkt

احتشاء القلب

der Schlaganfall

جلطة

die Allergie

حسسية

der Husten

السعال

das Fieber

الحُمّى

die Grippe

إنفلونزا

der Durchfall

الإسهال

die Kopfschmerzen

وجع الرأس

der Krebs

السرطان

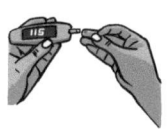

die Diabetis

مرض السكر

der Chirurg

جرّاح

das Skalpell

مبضع

die Operation

عملية

das CT

سيتي سكان

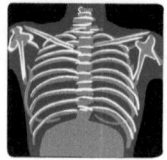

das Röntgen

الأشعة السينية

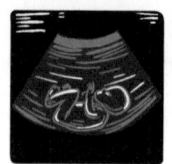

das Ultraschall

فوق الصوتي

die Maske

القناع

die Krankheit

المرض

das Wartezimmer

غرفة الانتظار

die Krücke

العُكاز

das Pflaster

شريط لاصق

der Verband

ضماد

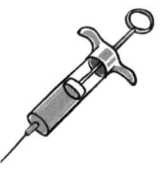

die Injektion

حقنة

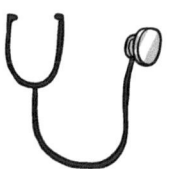

das Stethoskop

سمّاعة الطبيب

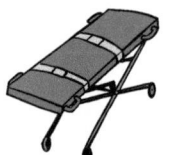

die Trage

نقالة

das Thermometer

ميزان حرارة

die Geburt

ولادة

das Übergewicht

وزن زائد

das Hörgerät

جهاز السمع

das Desinfektionsmittel

المواد المعقمة

die Infektion

عدوى

das Virus

فيروس

das HIV / AIDS

الإيدز

die Medizin

الطب

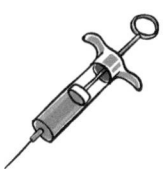

die Impfung

اللقاح

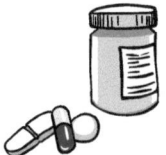

die Tabletten

أقراص الدواء

die Pille

حبّة الدواء

der Notruf

نداء النجدة

das Blutdruck-Messgerät

مقياس ضغط الدم

krank / gesund

مريض / صحيح

Hilfe!

النجدة!

der Alarm

إنذار

der Überfall

اعتداء

der Angriff

هجوم

die Gefahr

خطر

der Notausgang

مخرج طوارئ

Feuer!

حريق!

der Feuerlöscher

جهاز الإطفاء

der Unfall

حادث

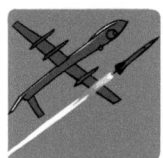

der Erste-Hilfe-Koffer

حقيبة الإسعاف الأولي

SOS

أنقذونا

die Polizei

الشرطة

das Europa

أوروبا

das Nordamerika

أمريكا الشمالية

das Südamerika

أمريكا الجنوبية

das Afrika

أفريقيا

das Asien

آسيا

das Australien

أستراليا

der Atlantik

المحيط الأطلسي

der Pazifik

المحيط الهادي

der Indische Ozean

المحيط الهندي

der Antarktische Ozean

المحيط المتجمد الجنوبي

der Arktische Ozean

المحيط المتجمد الشمالي

der Nordpol

القطب الشمالي

der Südpol

القطب الجنوبي

die Antarktis

منطقة القطب الجنوبي

die Erde

أرض

das Land

بر

das Meer

بحر

die Insel

جزيرة

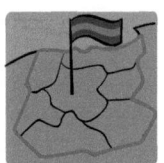

die Nation

أمة

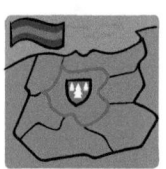

der Staat

دولة

das Zifferblatt

ميناء الساعة

der Stundenzeiger

عقرب الساعات

der Minutenzeiger

عقرب الدقائق

der Sekundenzeiger

عقرب الثواني

Wie spät ist es?

كم الساعة الآن؟

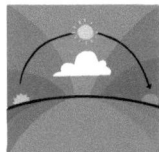

der Tag

يوم

die Zeit

زمن

jetzt

الآن

die Digitaluhr

ساعة رقمية

die Minute

دقيقة

die Stunde

ساعة

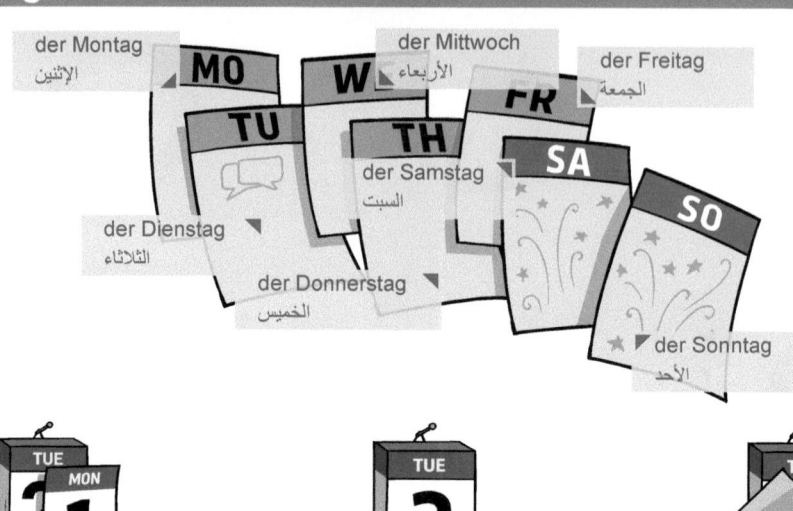

der Montag
الإثنين

der Mittwoch
الأربعاء

der Freitag
الجمعة

der Samstag
السبت

der Dienstag
الثلاثاء

der Donnerstag
الخميس

der Sonntag
الأحد

gestern
الأمس

heute
اليوم

morgen
غدًا

der Morgen
الصباح

der Mittag
الظهر

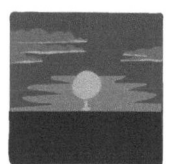

der Abend
المساء

MO	TU	WE	TH	FR	SA	SU
1	2	3	4	5	6	7
8	9	10	11	12	13	14
15	16	17	18	19	20	21
22	23	24	25	26	27	28
29	30	31	1	2	3	4

die Arbeitstage
أيام العمل

MO	TU	WE	TH	FR	SA	SU
1	2	3	4	5	6	7
8	9	10	11	12	13	14
15	16	17	18	19	20	21
22	23	24	25	26	27	28
29	30	31	1	2	3	4

das Wochenende
نهاية الأسبوع

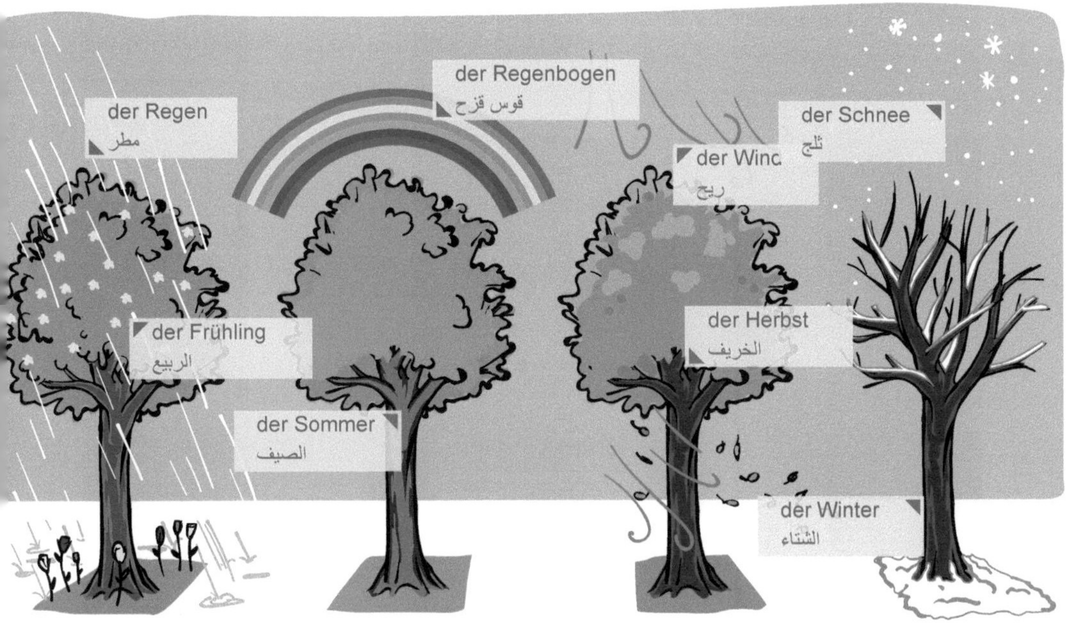

der Regenbogen
قوس قزح
der Regen
مطر
der Schnee
ثلج
der Wind
ريح
der Frühling
الربيع
der Herbst
الخريف
der Sommer
الصيف
der Winter
الشتاء

4.APRIL 11°
5.APRIL 4°
6.APRIL 13°
7.APRIL 8°
8.APRIL 10°

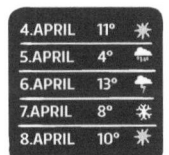

die Wettervorhersage

التنبّؤ بالحالة الجوية

F C
120 40
90 30
60 20
30 10
0 0
-30 -10
-20

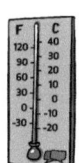

das Thermometer

مقياس حرارة

der Sonnenschein

ضوء الشمس

die Wolke

سحابة

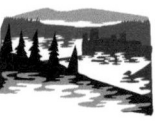

der Nebel

ضباب

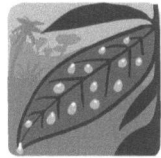

die Luftfeuchtigkeit

رطوبة الجو

der Blitz

برق

der Donner

رعد

der Sturm

عاصفة

der Hagel

بَرَد

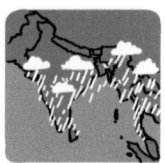

der Monsun

ريح موسمية

die Flut

طوفان

das Eis

جليد

der Januar

كانون الثاني / يناير

der Februar

شباط / فبراير

der März

آذار / مارس

der April

نيسان / أبريل

der Mai

أيار / مايو

der Juni

حزيران / يونيو

der Juli

تموز / يوليو

der August

آب / أغسطس

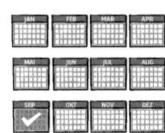

der September
....
أيلول / سبتمبر

der Oktober
....
تشرين الأول / أكتوبر

der November
....
تشرين الثاني / نوفمبر

der Dezember
....
كانون الأول / ديسمبر

der Kreis
....
دائرة

das Quadrat
....
مربّع

das Rechteck
....
مستطيل

das Dreieck
....
مثلث

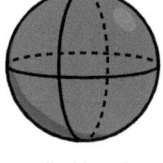

die Kugel
....
كرة

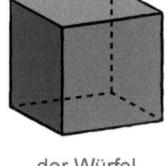

der Würfel
....
مكعب

weiß

أبيض

gelb

أصفر

orange

برتقالي

pink

وردي

rot

أحمر

lila

بنفسجي

blau

أزرق

grün

أخضر

braun

بنّي

grau

رمادي

schwarz

أسود

viel / wenig

كثير / قليل

wütend / friedlich

غضبان / هادئ

hübsch / hässlich

جميل / قبيح

der Anfang / das Ende

بداية / نهاية

groß / klein

كبير / صغير

hell / dunkel

فاتح / قاتم

der Bruder / die Schwester

أخ / أخت

sauber / schmutzig

نظيف / وسخ

vollständig / unvollständig

كامل / ناقص

der Tag / die Nacht

نهار / ليل

tot / lebendig

ميت / حيّ

breit / schmal

عريض / ضيّق

geneießbar / ungenießbar

صالح للأكل / غير صالح

böse / freundlich

شرّير / لطيف

aufgeregt / gelangweilt

مثير / ممل

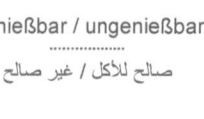

dick / dünn

سمين / نحيف

zuerst / zuletzt

أولا / أخيراً

der Freund / der Feind

صديق / عدو

voll / leer

مليء / فارغ

hart / weich

صلب / ليّن

schwer / leicht

ثقيل / خفيف

der Hunger / der Durst

جوع / عطش

krank / gesund

مريض / صحيح

illegal / legal

غير شرعي / شرعي

intelligent / dumm

ذكي / غبي

links / rechts

يسار / يمين

nah / fern

قريب / بعيد

neu / gebraucht
....
جديد / مستعمل

nichts / etwas
....
لا شيء / بعض الشيء

alt / jung
....
مسين / شاب

an / aus
....
يشعل / يطفئ

offen / geschlossen
....
مفتوح / مغلق

leise / laut
....
خافت / عالٍ

reich / arm
....
غني / فقير

richtig / falsch
....
صح / خطأ

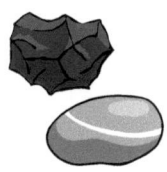

rau / glatt
....
أحرش / املس

traurig / glücklich
....
حزين / سعيد

kurz / lang
....
قصير / طويل

langsam / schnell
....
بطيء / سريع

nass / trocken
....
مبلول / جاف

warm / kühl
....
ساخن / بارد

der Krieg / der Frieden
....
حرب / سلم

0
null
صفر

1
eins
واحد

2
zwei
اثنان

3
drei
ثلاثة

4
vier
أربعة

5
fünf
خمسة

6
sechs
ستة

7
sieben
سبعة

8
acht
ثمانية

9
neun
تسعة

10
zehn
عشرة

11
elf
أحد عشر

12

zwölf

اثنا عشر

13

dreizehn

ثلاثة عشر

14

vierzehn

أربعة عشر

15

fünfzehn

خمسة عشر

16

sechzehn

ستة عشر

17

siebzehn

سبعة عشر

18

achtzehn

ثمانية عشر

19

neunzehn

تسعة عشر

20

zwanzig

عشرون

100

hundert

مائة

1.000

tausend

ألف

1.000.000

million

مليون

Englisch
....
الإنكليزية

Amerikanisches Englisch
....
الإنكليزية الأمريكية

Chinesisch Mandarin
....
لغة ماندارين الصينية

Hindi
....
الهندية

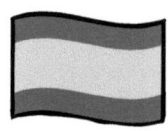

Spanisch
....
الإسبانية

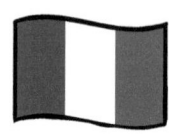

Französisch
....
الفرنسية

Arabisch
....
العربية

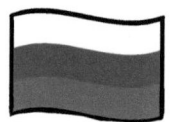

Russisch
....
الروسية

Portugiesisch
....
البرتغالية

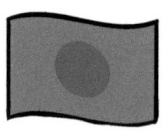

Bengalisch
....
البنغالية

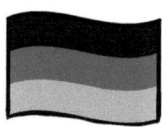

Deutsch
....
الألمانية

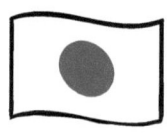

Japanisch
....
اليابانية

ich

أنا

du

أنت

er / sie / es

هو / هي

wir

نحن

ihr

أنتم

sie

هم

wer?

من؟

was?

ماذا؟

wie?

كيف؟

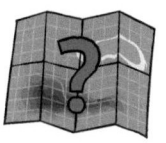

wo?

أين؟

wann?

متى؟

Name

اسم

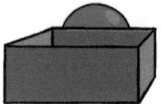

hinter

خلف

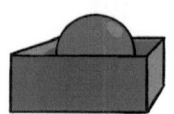

in

في

vor

أمام

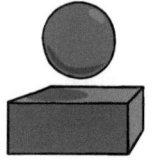

über

فوق

auf

على

unter

تحت

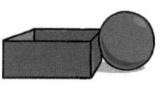

neben

جنب

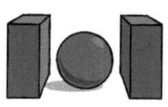

zwischen

بين

der Ort

مكان